백제의 마지막 임금
해동증자 의자왕

글 최향미 | 그림 한상언

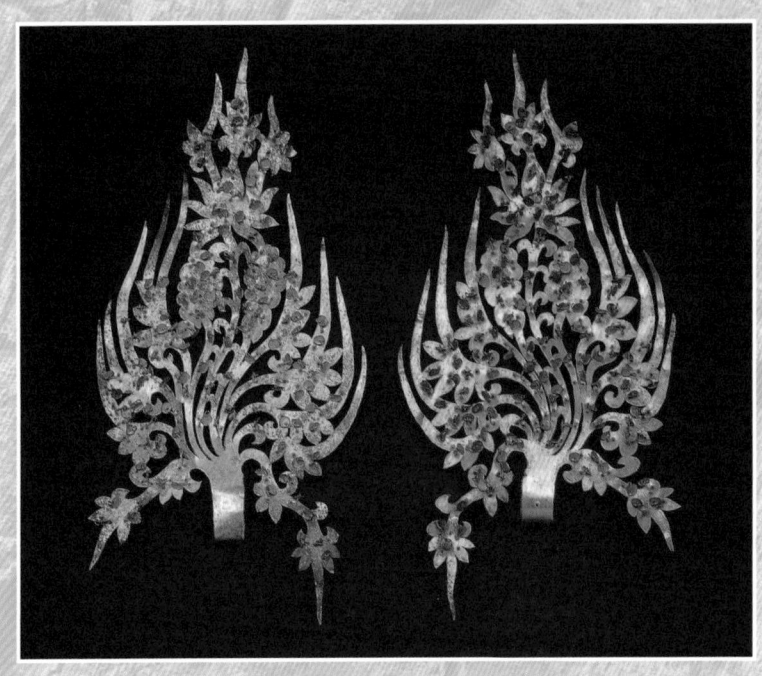

백제의 뛰어난 문화 수준을 말해 주는 상징물, 왕 금제관식.(국립공주박물관)

백제 백성들은 의자왕을 이름 뜻 그대로

의롭고 자비로운 왕이라고 여겼어요.

그뿐이 아닙니다.

의자왕이 다스릴 무렵 백제는

신라가 맞서 싸우기 버거울 만큼 힘센 나라였습니다.

그렇다면 백제는 어째서 망한 걸까요?

이제 그 수수께끼 속으로 들어가 봅시다.

잃어버린 무덤 · 6

의자왕의 두 신하 _12

대야성을 치다 _20

목숨을 건 두 사신 _31

 신라에서 온 간첩 _39

불타는 사비성 _48

검은 그림자의 눈물 · 60
의자왕과 백제의 멸망 · 62

잃어버린 무덤

"헉헉. 아빠, 아직도 멀었어요?"

"조금만 더 가 보자꾸나."

"이 깊은 산속에 정말 무덤이 있단 말이에요?"

여기는 중국 뤄양에 이웃한 한 야산인 북망산입니다. 서울에서 비행기로 세 시간을 날아온 뒤, 다시 차로 한참을 달려야 비로소 다다를 수 있는 산입니다. 이곳에서 고고학자인 아빠와 진우는 백제의 마지막 임금인 의자왕의 무덤을 찾고 있습니다.

아빠가 의자왕의 무덤을 찾으러 함께 가자고 했을 때 진우는 뛸 듯이 기뻤어요. 영화에 나오는 사람처럼 위험을 무릅쓰고 무덤 속에 감춰진 옛 보물을 찾아내는 자신의 멋진 모습을 상상했거든요. 하지만 막상 와 보니 너무나 달랐습니다. 산길을 몇 시간째 오르락내리락하며 헤매고 다니자 진우는 슬슬 짜증이 났습니다.

"아빠, 왜 하필 의자왕의 무덤을 찾으러 여기까지 왔어요? 의자왕은 백제를 망하게 한 나쁜 왕이잖아요."

그때 갑자기 세찬 바람이 불고 산속의 나무들이 미친 듯이 흔들리는 것이었습니다. 진우는 화들짝 놀라 아빠 품에 안겼습니다.

"허허, 녀석도 참. 사내 녀석이 이 까짓 바람을 무서워해서야 쓰나?"

아빠 말에 기분이 언짢아진 진우는 금세 아빠 품에서 빠져나왔습니다.

"제가 언제 무섭다고 했어요? 그냥 조금 놀랐을 뿐이지."
"그리고 말이다, 백제가 망한 건 물론 의자왕의 책임이 크지만 네가 생각하는 것처럼 의자왕이 그렇게 나쁜 왕만은 아니었단다."
"허구한 날 삼천 궁녀들이랑 술 마시고 흥청망청 놀다가 나라를 망하게 했는데 왜 안 나빠요?"
이번에는 진우의 말이 떨어지기가 무섭게 어디선가 까마귀 떼들이 몰려와 기분 나쁘게 깍깍 울어 대며 진우의 머리 위를 맴도는 것이었어요.
"으악, 저리 가. 저리 가란 말이야. 아빠, 까마귀 떼 좀 쫓아 줘요."
"훠이, 훠이."
진우 아빠가 겨우 까마귀 떼를 쫓아냈습니다.
"희한한 일이구나. 진우 네가 의자왕을 나쁘게 말하기만 하면 이상한 일이 벌어지네. 이제 아무 말 말고 의자왕의 무덤이나 열심히 찾아보자꾸나."
"알았어요, 아빠."
한참을 말없이 걷던 두 사람은 커다란 나무들이 터널처럼 우거져 있는 숲 앞에 이르렀습니다. 진우와 아빠는 숲 속으로 걸어 들어갔습니다. 숲 속은 어두컴컴하고 무서울 만큼 조용했습니다. 진우는 으스스하고 스산한 생각이 들었습니다.

하지만 영화를 보면 으레 이런 곳에 무덤이 있고 그 무덤 속에 옛 보물이 숨어 있게 마련이었습니다. 진우는 조금 뒤에 진귀한 보물을 찾아내 함박웃음을 짓고 있을 자신의 모습을 떠올리며 무서움을 꾹 참았습니다. 그런데 진우의 등 뒤에서 이상한 기척이 느껴졌습니다. 진우는 뒤를 돌아보았습니다. 그러자 검은 그림자가 휙 하고 나무 뒤로 사라지는 것이었습니다. 진우는 너무 무서워 아빠의 손을 꼭 붙잡았어요.

"왜 그래? 진우야."

"아, 아무것도 아니에요."

진우는 아빠에게 또 사내답지 못하다는 소리를 들을까 봐 검은 그림자를 봤다는 얘기를 하지 않았습니다. 아빠의 손을 잡고 걷던 진우는 검은 그림자가 따라오는지 뒤를 돌아다봤습니다. 하지만 검은 그림자는 어디에도 없었습니다. 진우는 잠깐 헛것을 본 것이라고 혼자 되뇌었습니다.

터널같이 긴 나무숲을 빠져나오자 놀랍게도 구릉 위에 무덤들이 끝없이 이어져 있었어요. 넋을 놓고 바라보던 아빠는 함께 온 동료들에게 이 기쁜 소식을 전하려고 무전기를 꺼냈습니다. 그런데 산이라 그런지 무전기는 치직거리기만 했어요.

"안 되겠다. 진우야, 여기 꼼짝 말고 있어. 전파가 잘 터지는 곳을 찾아서 무전기로 연락 좀 하고 올게. 알았지?"

"네, 아빠."

아빠가 사라지자 진우는 무서운 생각이 들었습니다. 그때였어요. 까마귀 한 마리가 기분 나쁘게 깍깍 울어 댔어요. 그 소리에 진우는 온몸에 소름이 돋았습니다. 더 놀라운 것은 까마귀가 진우더러 따라오라는 듯이 날갯짓을 해대는 거예요. 그러자 얼어붙어 있던 진우의 발이 마치 남의 발처럼 절로 움직이는 것이었어요. 진우는 까마귀에 이끌려 홀로 서 있는 나무 아래로 갔습니다.

그런데 조금 전까지 있던 까마귀는 어디론가 사라지고 그 자리에 검은 그림자가 서 있는 것이었어요. 너무 무서워 달아나려고 했지만 몸이 말을 안 들었습니다. 검은 그림자는 진우 앞에 바짝 다가왔습니다. 겁에 질려 있는 진우에게 검은 그림자는 나무 팻말을 내밀었습니다. 진우는 나무 팻말에 새겨진 글을 읽었습니다.

"의자왕을 기리며! 씩씩하여 슬기로웠으며, 효심과 우애가 깊고, 백성들에게 의롭고 자비를 베푼 왕······."

그것은 진우가 알고 있던 의자왕과는 아주 달랐습니다. 역사에서 용서받지 못할 왕이 있다면 그 첫 번째가 의자왕이라고 진우는 늘 생각해 왔던 것입니다. 바로 그때 갑자기 검은 그림자가 진우를 덮쳐 오더니 눈 깜짝할 사이에 진우를 휘감고 땅속으로 쑥 사라져 버렸습니다.

낙화암을 끼고 오늘도 백마강은 소리 없이 흐른다.

낙화암은 백제가 멸망하던 날, 왕비를 비롯한 백제 여인들이 백마강으로 떨어지는 모습이 마치 꽃잎이 지는 것 같다고 해서 붙여진 이름입니다. 백제가 멸망하고 1300년이 지났지만, 백마강에 몸을 던진 백제 여인들의 슬픈 이야기는 아직도 많은 이들의 가슴을 울리고 있습니다. (시몽포토)

의자왕의 두 신하

때는 바야흐로 7세기 초. 한반도를 놓고 고구려와 백제 그리고 신라 세 나라는 시도 때도 없이 서로 공격하느라 하루도 바람 잘 날이 없었다. 그 바람에 죽어 나는 것은 아무 죄도 없는 일반 백성들이었다. 한마디로 고래 싸움에 새우 등 터지는 격이었다. 식을 줄 모르는 세 나라의 싸움은 달이 가고 해가 갈수록 점점 더 커져만 갔다.

이 무렵 당나라는 호시탐탐 고구려를 집어삼키려고 기회를 엿보고 있었다. 두 나라의 대결은 권력의 으뜸 자리에 오른 연개소문과 중원의 우두머리인 당 태종의 팽팽한 자존심 대결로 번졌다. 두 나라의 다툼은 오히려 백제에게는 절호의 기회가 되었다.

여기는 백제의 수도 사비성. 궁궐에서는 나라의 중요한 일을 앞두고 귀족 회의가 열리고 있었습니다.

"폐하, 지금이 다시 없는 좋은 기회입니다. 고구려가 당나라와 싸우느라 정신이 없는 이때 우리가 먼저 신라를 쳐야 합니다. 신라 또한 지금이 기회라 생각하고 있을 것입니다. 때를 놓치면 도리어 신라가 백제를 치려고 덤벼들 것입니다."

성충의 말이 끝나자 회의장이 술렁거렸습니다. 그러자 임자가 반대를 하고 나섰습니다. 성충과 임자, 두 사람은 의자왕이 가장 믿고 아끼는 신하입니다.

"폐하, 제 생각은 다릅니다. 폐하께서 왕의 자리에 오른 지 이제 한 해가 조금 넘었습니다. 그렇지 않아도 백성들은 전쟁을 지긋지긋하게 생각하고 있는데, 또다시 전쟁을 일으킨다면 백성들이 폐하에게 불평을 늘어놓게 되지 않을까 걱정입니다. 또한 선왕이신 무왕께서 신라를 쉴 새 없이 공격해 넋을 빼 놓았기 때문에 신라는 아직까지도 백제를 두려워하고 있습니다. 그러니 백성들의 신망을 더 쌓으신 뒤에 신라와 전쟁을 하여도 늦지 않을 것입니다."

두 사람의 서로 다른 의견을 놓고 회의장에 모인 귀족들은 두 패로 나뉘었습니다. 의자왕은 아무 말 없이 생각에 잠겼습니다. 한동안 침묵이 흘렀습니다. 이윽고 의자왕이 말문을 열었습니다.

"아바마마가 돌아가시기 얼마 전까지 우리 백제는 신라와 치른 전쟁에서 잇따라 승리를 거두었소. 그리하여 백제군의 사기는 지금 하늘을 찌르오. 반대로 신라군은 겁에 잔뜩 질려 있을 것이오. 고구려의 견제도

줄어든 마당에 무엇을 망설이겠소? 짐은 성충의 판단이 옳다고 생각하오. 짐은 곧바로 신라를 공격해 들어갈 것이오."

의자왕의 굳은 결심에 누구도 섣불리 나서지 못했습니다. 임자는 불만에 가득 차 얼굴이 일그러졌습니다. 또다시 성충한테 밀렸기 때문입니다. 어릴 때부터 쭉 그랬습니다. 태학사에서 공부할 때도 성충은 일등 자리를 놓친 적이 없었습니다. 언제나 칭찬은 성충의 몫이었습니다. 성충을 이겨 보려고 아무리 애를 써도 임자는 늘 2인자였습니다. 벼슬길에 오른 지금도 마찬가지였습니다.

의자왕은 몸소 군사를 이끌고 신라의 변두리 지역을 쳐들어갔습니다. 그 소식을 듣고 신라 군사들은 두려움에 떨었습니다. 무서운 기세로 쳐들어오는 백제군을 신라군은 도저히 견뎌 낼 수가 없었습니다. 심지어는 겁에 질려 아예 싸우기를 포기하고 달아나는 신라 군사들도 많았습니다. 의자왕이 이끄는 백제군은 파죽지세로 몰아쳐 신라의 변두리 지역에 있는 마흔 개나 되는 성을 모조리 무너뜨렸습니다. 그야말로 놀라운 승리였습니다.

전쟁에 이기고 씩씩하게 백제로 돌아온 의자왕은 신라 성에서 가져온 곡식을 백성들에게 나누어 주었습니다. 의자왕은 내친 김에 사형수를 뺀 죄수들을 다시 선별해 죄를 용서해 주고 새 출발을 할 수 있게 덕을 베풀었습니다. 전쟁을 하면 백성의 원성을 살 것이라던 임자의 충고는 괜한 걱정이었습니다. 백성들 사이에서는 의자왕을 칭찬하는 목소리로 넘쳐났습니다. 또 전쟁 전보다 충성심이 더욱 높아졌습니다.

의자왕은 기왕 칼을 뽑아 든 만큼 이참에 신라와 끝장을 봐야 한다고 생각했습니다. 하지만 전쟁을 오래 끌 생각은 없었습니다. 전쟁이 길어지면 길어질수록 백성들의 고통도 그만큼 커지고, 나라의 힘도 약해질 게 뻔하기 때문입니다. 그래서 의자왕은 신라와의 전쟁을 빨리 끝낼 묘책을 찾으려고 다시 귀족 회의를 열었습니다.

"다들 모였소? 우리는 지난번 신라와 치른 전쟁에서 다행히도 큰 승리를 거두었소. 짐은 이 여세를 몰아 전쟁을 빨리 끝내고 싶소. 성충, 그대에게 묘안이 있으면 먼저 말해 보시오."

나라의 크고 작은 일을 결정할 때마다 의자왕은 가장 먼저 성충의 의견을 들었습니다.

"대야성을 쳐야만 합니다. 그곳은 신라의 수도인 서라벌로 들어가는 지름길입니다."

"대야성이라……. 임자, 그대의 생각은 어떻소?"

그다음 질문은 늘 그렇듯 임자에게 돌아왔습니다.

"지난날 선왕들께서도 대야성을 무너뜨리려고 애썼지만 모두 실패하고 말았습니다. 대야성이 뚫리면 위태롭다는 걸 신라도 잘 알기 때문에 죽기 살기로 싸울 게 틀림없습니다. 게다가 지금 대야성은 선덕여왕의 조카이자 다음 왕의 자리를 꿈꾸는 김춘추의 사위인 김품석이 다스리고 있습니다. 그 때문에 어느 때보다 신라는 대야성에 바짝 힘을 기울이고 있을 것입니다. 괜히 섣불리 건드렸다가 오히려 우리가 피해를 볼 수도 있습니다."

"그렇다면 무슨 뾰족한 수라도 있소?"

"그, 그것은……."

임자는 딱히 떠오르는 생각이 없었습니다.

"흐음, 다른 대신들도 좋은 생각이 있으면 그렇게 꿀 먹은 벙어리마냥 가만있지만 말고 서슴없이 의견을 말씀해 보시오."

대신들은 서로 눈치를 보며 우물쭈물 아무런 대답을 못했습니다.

"흐음. 성충, 그대는 임자의 의견을 어떻게 생각하시오?"

"보통 때라면 임자의 말대로 해야 할 것입니다. 하지만 지금 대야성에는 뜻밖에도 우리에게 이로운 일들이 벌어지고 있습니다. 신이 얻어 낸 정보에 따르면 대야성 성주 김품석이 김춘추가 애지중지하는 딸 소랑의 남편이 되어 그 권세를 믿고 방탕한 생활을 일삼아 백성들의 원성을 사고 있다고 합니다. 얼마 전엔 자기 부하의 아내가 아름답다 하여 억지로 빼앗아 첩으로 삼은 일도 있다고 합니다."

"아니, 저런 파렴치한 놈이 있나!"

"아내를 빼앗긴 김품석의 부하는 피눈물을 흘리며 앙갚음을 할 날만 손꼽아 기다린다 합니다. 그를 꾀어 성을 열게 한다면 승리는 따 놓은 당상이나 다름이 없습니다."

성충은 막힘없이 술술 얘기를 풀어 놓았다.

"언제 그런 중요한 정보까지 입수해 두었소? 성충, 그대는 참으로 백제의 으뜸 지략가답소. 하하하."

의자왕은 그제야 고민을 말끔히 씻었다는 듯이 큰 소리로 웃었다.

'쳇, 여우같이 얄미운 놈 같으니라고. 그래, 어디 두고 보자! 내 언젠가는 반드시 뜨거운 맛을 보여 주마.'

의자왕의 칭찬을 홀로 차지하고 있는 성충을 보며 임자의 질투심은 걷잡을 수 없이 커져만 가고 있었습니다.

역사스페셜 박물관

북망산
중국 고대 왕조의 도읍지였던 낙양 외곽에 있는 작은 산 이름입니다. 죽어서는 북망산이라는 말이 있듯 중국 으뜸 명당으로 손꼽히는 이곳에는 중국의 역대 제왕과 황후, 귀족과 명사들이 묻혀 있습니다. 그런데 이 북망산에 백제의 마지막 임금 의자왕이 묻혀 있습니다. 의자왕은 왜 북망산에 묻힌 걸까요? (Corbis/토픽포토)

부여 융의 묘지석
의자왕의 아들인 부여 융 또한 북망산에 묻혔습니다. 부여 융의 묘지석은 중국 북망산 봉황대 지역에서 나왔습니다. (연합포토)

흑치상지의 묘지석
흑치상지는 백제 부흥군을 이끈 장수였어요. 그는 백제 부흥 운동이 실패로 돌아가자 당나라에 투항합니다. 당나라의 수많은 전투에서 빛나는 전공을 세워 대장군의 자리에까지 올랐어요. 흑치상지의 묘지석도 중국 북망산 봉황대 지역에서 나왔습니다.

의자왕이 중국 북망산에 묻힌 까닭?
신라와 당나라 연합군에게 망한 뒤 의자왕은 태자인 부여 융과 대신들 그리고 1만 2천 명에 이르는 백성들과 함께 당나라로 끌려갔어요. 그곳에서 의자왕은 당나라 황제 앞에서 무릎을 꿇고 항복하는 수모를 겪어야 했어요. 그 뒤 의자왕은 병을 얻어 죽고 나서도 끝내 고국으로 못 돌아가고 이역만리 북망산에 묻혔습니다.

사라진 의자왕의 무덤
학자들은 중국 북망산 봉황대 일대를 당나라로 끌려간 백제 유민들의 묘로 여기고 있어요. 의자왕의 무덤 또한 이곳 어딘가에 있지만, 긴 세월이 흘러 이곳은 이제 몰라 보게 달라졌어요. 그 때문에 한국의 고고학자들이 의자왕의 무덤을 찾으려고 노력하고 있지만 지금까지도 못 찾고 있습니다.

대야성을 치다

마침내 대야성을 치려고 1만 명이나 되는 군사들이 한자리에 모였습니다. 대장은 성충의 아우인 윤충이 맡았습니다. 출정에 앞서 윤충은 대야성의 성주인 김품석에게 아내를 빼앗겨 앙심을 품고 있는 병사와 미리 연락을 주고받았습니다. 김품석의 부하는 윤충이 대야성을 치면 창고에 불을 질러 성 안을 어지럽혀 놓기로 했습니다. 성충은 아우인 윤충에게도 탈 없이 작전을 잘 해내라고 굳게 일렀습니다.

드디어 출정의 날이 밝았습니다. 윤충은 1만 대군을 이끌고 대야성으로 쳐들어갔습니다. 백제 대군이 코앞에 쳐들어왔다는 소식을 듣고 대야성 안의 주민들은 어찌할 바를 몰랐습니다. 그 무렵 대야성의 성주 김품석은 여느 때와 마찬가지로 연회장에서 술독에 빠져 흥청거리고 있다가 부하 장수들의 보고를 받고는 얼굴이 새하얗게 질렸습니다.

"성주님, 이를 어찌하면 좋습니까?"

"지금 그걸 나한테 물으면 어떻게 하느냐? 너희가 대책을 세워서 백제군을 어서 몰아내야 할 게 아니냐!"

부하 장수들은 처음부터 성주인 김품석한테 크게 기대하지는 않았지만 이렇게 어처구니 없이 나올 줄은 몰랐습니다. 김품석의 부하 장수들은 할 수 없이 그들 가운데 굳세고 침착한 죽죽을 지휘관으로 내세웠습니다. 죽죽은 곧바로 군사들을 불러 모아 싸울 준비를 갖췄습니다. 이렇게 부하 장수들이 성을 지키려고 너나없이 애를 태우고 있을 때 대야성의 성주 김품석은 오직 자기 살 길만을 찾아 이리 뛰고 저리 뛰며 허둥대고 있었습니다.

마침내 윤충이 이끄는 백제군이 대야성에 이르렀습니다. 대야성 앞에 진을 치고 전열을 가다듬은 백제군의 사기는 하늘을 찔렀습니다. 곧이어 백제 진영에서 공격을 알리는 나팔이 울리자 대야성의 곡식 창고에 불이 붙었습니다. 김품석의 부하가 나팔 신호에 맞춰 불을 지른 것입니다. 불길은 걷잡을 수 없이 번졌습니다. 창고가 불길에 휩싸여 활활 타오르자 대야성 안의 신라군과 백성들은 혼비백산했습니다. 성 밖에서는 백제군이 불화살을 빗발처럼 쏘아 댔습니다. 삽시간에 대야성은 불바다가 되었습니다. 여기저기서 비명이 터져 나왔습니다.

"이러다 모두 불에 타 죽고 말겠다. 성 위에는 화살 부대만 남아서 백제군이 성 안으로 들어오지 못하도록 막아라! 나머지는 모두 성 안에 번지고 있는 불부터 꺼라!"

죽죽의 명령이 떨어지자 신라 군사들은 모두 불끄기에 매달렸습니다. 그 틈을 타 백제군은 포차를 써서 쉬지 않고 돌을 쏘아 올렸습니다. 하지만 굳게 쌓아 올린 대야성의 성벽은 끄떡도 하지 않았습니다.
"안 되겠다. 성벽에 사다리를 걸쳐라!"

백제군이 성벽을 타고 오를 사다리를 마련하는 사이 신라군은 불을 끄고 돌아와 전열을 가다듬었습니다.

"백제군이 성을 넘으면 우리는 끝장이다. 한 놈도 못 넘어오게 철통같이 막아라!"

죽죽의 명령이 떨어지자 신라군은 죽을힘을 다해 성벽을 타고 넘어오는 백제군을 막아 냈습니다. 백제군의 총사령관인 윤충은 이런 식으로 싸우다가는 백제군의 피해가 만만치 않겠다고 판단하고 작전을 바꿨습니다. 공격을 멈추고 유인 작전을 쓰기로 한 것입니다.

싸움을 멈추자 다쳐서 죽어 가는 사람들의 신음 소리와 울음소리가 여기저기에서 더욱 크게 들렸습니다. 그 소리에 대야성 안의 신라 군사들과 백성들은 싸울 때보다 더 큰 두려움에 떨었습니다. 얼마 뒤 백제 진영에서는 휴전을 알리는 요란한 방울 화살을 쏘아 올리더니 뒤이어 우렁찬 목소리가 울려 퍼졌습니다.

"나는 백제의 총사령관 윤충이다. 대야성 안의 신라 사람들은 내 말을 잘 들어라. 지금 바로 성문을 열고 나오면 살려 주겠다. 앞으로 한 시간의 시간을 줄 테니 잘 생각하라!"

윤충의 말이 끝나자 성 안의 신라 군사들과 백성들은 흔들리기 시작했습니다. 그러자 죽죽이 앞에 나섰습니다.

"항복하고 나간다고 살려 둘 리 없다. 만일 살려 준다고 해도 노예가 될 게 틀림없다. 그러니 비굴하게 항복을 하느니 신라 사람답게 떳떳하게 맞서 싸우다 죽는 것이 낫다. 죽을힘을 다해 싸운다면 우리는 반드시 적을 물리칠 수 있다. 다 함께 힘을 모아 백제군을 무찌르자!"

신라군과 백성들은 죽죽의 말에 힘을 내 다시 싸울 마음을 다졌습니다. 바로 그때 찬물을 끼얹는 사람이 있었습니다. 바로 대야성의 성주 김품석이었습니다.

"이런 한심한 것들. 하나뿐인 목숨이 먼저지, 비굴한 게 뭐가 그리 중요해. 뭣들 하느냐? 윤충의 마음이 바뀌기 전에 어서 성문을 열어라!"

하지만 아무도 김품석의 말을 따르려 하지 않았습니다.

"흥! 이젠 성주인 내 말도 듣지 않겠다는 것이냐? 좋다. 내가 나서서 윤충과 담판을 짓겠다."

그러면서 김품석은 성 위에 올라서서 백제 진영을 바라보며 큰 소리로 외쳤습니다.

"윤충 장군! 나는 대야성의 성주 김품석이오. 나와 아내가 아무 탈 없이 서라벌로 돌아갈 수만 있게 해 준다면 지금 바로 성문을 열고 항복하겠소. 어서 약속해 주시오."

김품석이 하는 짓을 보고 죽죽을 비롯한 신라 군사들과 백성들은 어이가 없었습니다. 윤충은 알 듯 모를 듯한 웃음을 지으며 그렇게 하겠노라고 대답했습니다. 그러자 김품석은 안심을 한 듯 부하 장수들에게 성문을 열어 항복하라고 명령했습니다. 죽죽은 조금도 망설임 없이 반대하고 나섰습니다.

"대야성이 무너지고 나면 수도인 서라벌마저 바람 앞의 등불이나 다를 바 없습니다. 대야성은 목숨을 걸어서라도 반드시 지켜야 할 곳입니다. 그런데 싸우지도 않고 항복하겠다니, 결코 그렇게는 못합니다."

"아니, 지금 내 명령에 따르지 않겠다는 것이냐? 여봐라, 이놈을 곧장 옥에 가두어라!"

그러나 아무도 선뜻 나서는 사람이 없었습니다.

"이런 고얀 것들이 있나? 나는 앞으로 이 나라 왕의 자리에 오를 김춘추 어른의 사위다. 내 뜻이 바로 그분의 뜻이다. 내 말을 따르지 않는 건 곧 반역을 저지르는 것과 다를 바 없다. 하지만 이번 한 번만은 봐 줄 테니 어서 죽죽을 옥에 가두고 성문을 열어라!"

그리하여 죽죽은 끝내 옥에 갇히고 그동안 한 번도 적에게 열린 적이 없었던 대야성의 성문이 열렸습니다. 성문이 열리자 대야성의 성주인 김품석을 뺀 신라 사람들은 모두 피눈물을 쏟았습니다. 그렇게 해서 윤충이 이끄는 백제군은 힘들이지 않고 승리의 깃발을 휘날리며 대야성 안으로 들어갔습니다. 윤충은 곧바로 대야성의 성주인 김품석을 끌고 와 무릎을 꿇게 했습니다.

"네 놈이 바로 김춘추의 힘을 등에 업고 부하 군사와 백성들을 괴롭힌 김품석이냐?"

"윤충 장군, 어이 이러십니까? 성문을 열고 항복하면 아내와 저를 서라벌로 보내 주겠다고 약속하지 않으셨습니까?"

"입 다물고 가만있지 못하겠느냐! 여봐라, 이놈의 부하 장수들은 어떻게 됐느냐?"

"장군, 부하 장수들은 모두 자결하였습니다."

"자결했다고? 흐음, 그들의 주검을 걷어 예를 갖춰 묻어 주어라! 김춘추의 딸은 어떻게 되었느냐?"

"그이 또한 자결하였습니다."

그 소리를 듣자 김품석은 울상을 지으며 말했습니다.

"나 혼자 살아서 서라벌로 돌아가면 틀림없이 장인어른이 나를 죽이려고 할 텐데, 이를 어이할꼬?"

"저런 파렴치한 놈이 있나. 아내의 죽음을 슬퍼해야 할 판에 자기 목숨 부지할 생각만 하다니. 너 같은 놈은 죽어 마땅하다. 여봐라, 당장 저놈의 목을 베어 버려라! 그런 다음 그의 아내의 주검과 함께 관에 넣어 그놈이 가고 싶어 하는 서라벌로 보내 주어라!"

결코 무너지지 않을 것 같았던 대야성은 이렇게 해서 손쉽게 백제의 손아귀로 떨어져 버리고 말았습니다. 이로써 신라는 나라가 생긴 뒤로 가장 큰 어려움에 부닥쳤습니다. 대야성을 무너뜨리고 돌아오는 윤충과 백제 군사들에게는 크고 화려한 환영식이 기다리고 있었습니다. 의자왕은 그들의 공로를 칭찬하며 일일이 포상을 내렸습니다. 윤충에게는 더 큰 선물을 준비했습니다.

"그 철통같은 대야성을 무너뜨리면서 죽거나 다친 백제군이 거의 없었다니, 정말 놀랍소. 그래서 짐은 오늘부터 그대에게 백제군의 총사령관을 맡기겠소."

이렇게 해서 정치는 성충, 군사는 윤충 두 형제가 백제의 가장 중요한 벼슬을 나누어 맡았습니다. 두 형제의 승승장구를 지켜보는 대신들의 눈길은 그리 곱지만은 않았습니다. 무엇보다 성충의 그늘에 가려 늘 2인자의 자리에 머물러야 했던 임자는 더 큰 질투심에 불타올랐습니다.

한편 대야성이 무너졌다는 소식이 알려진 신라의 수도 서라벌에서는 더 큰 불안에 시달렸습니다. 백성들은 백제가 곧 쳐들어올 것이라며 일손을 놓고 두려움에 떨었습니다. 궁궐에서는 대신들이 대책 마련에 골몰했습니다. 아울러 사위 김품석을 그 자리에 앉힌 김춘추를 원망하는 목소리가 쏟아졌습니다. 김춘추는 대신들의 비난에 아랑곳없이 죽어서 돌아온 딸의 주검 앞에 넋을 잃고 있었습니다.

깊은 슬픔과 충격에 빠져 있던 김춘추는 겨우 정신을 차리고는 마음속으로 굳게 다짐했습니다. 반드시 백제를 무너뜨려 사랑하는 딸의 원한을 갚겠다고.

역사스페셜박물관

대야성

백제와 맞닿아 있는 신라 서북부 지역의 요새 중 요새입니다. 대야성을 통과하면 백제에서 신라의 수도인 서라벌로 가장 빨리 갈 수 있습니다. 그래서 예부터 이곳을 뺏으려는 백제와 지키려는 신라 두 나라 사이에 치열한 전투가 벌어졌습니다. 의자왕 때에 이르러 비로소 백제는 대야성을 차지했습니다. (시몽포토)

죽죽비

대야성 전투에서 죽은 신라 죽죽의 충절을 기리고자 세운 비. 백제군이 대야성을 공격하자 위기에 처한 성주 김품석은 끝까지 싸우자는 부하 장수 죽죽의 말을 안 듣고 성문을 열어 투항합니다. 반대로 죽죽은 군사들과 함께 끝까지 싸우다가 죽음을 맞이합니다. (시몽포토)

태종무열왕릉

경주시 서악동에 있는 신라 29대 태종무열왕 김춘추의 무덤. 김춘추는 사위 김품석이 백제에게 대야성을 내주자 궁지에 몰립니다. 그는 위기에 빠진 신라를 구하고자 몸소 당나라에 사신으로 가, 지원군을 얻어 내는 데 성공합니다. 그 뒤 왕의 자리에 올라 마침내 660년에 백제를 무너뜨리고 신라가 삼국 통일을 할 수 있는 바탕을 마련했습니다. (시몽포토)

목숨을 건 두 사신

　대야성을 무너뜨리고 나면 신라의 수도인 서라벌을 곧바로 들이칠 수 있을 거라고 믿었던 의자왕이었습니다. 하지만 그것은 생각만큼 쉽지 않았습니다. 김유신이라는 걸림돌이 버티고 있었기 때문입니다. 김유신은 고구려, 백제와 치른 전쟁에서 빛나는 공을 세운 신라의 영웅이었습니다. 군사들의 사기를 높이려고 모두가 몸을 사리는 위험한 곳도 마다 않고 그는 앞장서서 싸웠습니다. 전쟁의 승패는 군사들의 사기에 달려 있다는 것을 누구보다 잘 아는 그였습니다. 그런 그가 신라에 닥친 커다란 위기를 가까스로 막아 내고 있었습니다.

　대야성 다음으로 중요한 신라의 길목은 압량주입니다. 압량주는 김유신의 지휘로 겨우 버텨 내고 있었습니다. 곧 끝나리라고 생각했던 전쟁이 길어지자 의자왕은 조급한 마음에 하루가 멀다 하고 귀족 회의를 열었습니다.

"대야성을 무너뜨린 뒤로 치러진 크고 작은 전투만 해도 셀 수가 없소. 서라벌을 바로 코앞에 두고 있는데도 김유신 하나를 못 꺾어 전쟁을 질질 끌고 있으니, 정말 답답하오. 성충, 무슨 좋은 대책이 없겠소?"

김유신이 결코 호락호락한 상대가 아니라는 건 이미 알고 있었지만 이렇게까지 힘든 상대인 줄은 성충 또한 미처 몰랐습니다.

"폐하, 황공하옵니다."

그러자 의자왕이 못마땅한 얼굴을 지어 보였습니다. 기다렸다는 듯이 임자가 트집을 잡고 나섰습니다.

"성충, 그렇게 황공하다고만 해서 될 일이오? 지난번에는 신라를 따돌린다며 당으로 가는 신라의 조공길인 당항성을 빼앗았다가 당 태종의 노여움을 사 싹싹 빌기까지 해야 했소."

"신라는 위기에서 벗어나려고 당의 힘을 빌리려 할 것이오. 그래서 미리 그것을 막으려 했던 것이오."

"흥! 처음부터 신라와 전쟁을 일으킨 게 잘못이 아니오."

"그랬다면 신라가 먼저 우리를 쳤을 것이오. 신라 또한 고구려가 당과 맞서고 있는 지금이 백제를 칠 좋은 기회라고 생각했을 테니 말이오."

한마디도 지지 않는 성충이 임자는 못 견디게 얄미웠습니다. 말다툼을 벌이는 두 사람을 지켜보던 의자왕이 끼어들었습니다.

"성충의 말이 맞소. 그래서 짐이 왕의 자리에 오르자마자 신라를 치려고 한 것이오. 임자, 그대는 여태 그것을 모르고 있었단 말이오?"

의자왕이 성충의 편을 들고 나서자 임자는 억울해 어쩔 줄을 몰라 얼굴이 벌개졌습니다.

"그, 그런 것이 아니라……."

"화를 내는 임자의 마음도 이해할 만하오. 그렇다고 성충을 탓할 일은 더욱 아니오. 전쟁이 생각보다 길어지다 보니 짐이 좀 조급해져서 그런 것이오. 여유를 갖고 차분히 대처해 나가 봅시다."

한편 신라의 수도 서라벌에서는 대야성을 빼앗긴 책임을 묻는 소리가 김춘추에게 쏟아지고 있었습니다. 그 고비를 벗어나려고 김춘추는 크나큰 모험을 결심합니다. 지원군을 청하러 자신이 직접 고구려에 사신으로 가기로 한 것입니다. 때마침 고구려는 당나라와 치른 전쟁에서 승리하여 한숨을 돌리고 있었습니다. 연개소문이 당나라의 공격을 잘 막아 내고 있었던 것입니다.

그러나 김춘추가 사신이 되어 고구려로 간다는 것은 목숨을 걸어야 하는 위험천만한 일이었습니다. 얼마 전까지만 해도 신라는 고구려의 남쪽 변두리 지역을 공격하여 고구려를 몹시 힘들게 했던 앙숙이었던 것입니다. 김춘추는 고구려에 사신으로 가기에 앞서 처남인 김유신과 앞으로 일어날지도 모를 일을 두고 얘기를 나누었습니다. 김유신은 김춘추가 고구려로 건너가서 두 달이 넘도록 아무런 연락이 없으면 꼭 구하러 가겠다고 굳게 약속을 했습니다. 신라의 앞날을 짊어진 두 사람의 뜨거운 우정이 빛을 발하고 있었던 것입니다.

김춘추가 사신으로 고구려에 간다는 소식을 알게 된 백제는 곧바로 비상 회의를 열었습니다. 의자왕의 얼굴에는 걱정이 가득했습니다. 다른 때와 달리 임자가 먼저 입을 열었습니다.

"이제 이를 어쩌면 좋습니까? 고구려가 신라와 동맹을 맺는 날이면 우리는 끝장입니다. 그래서 제가 설불리 전쟁을 하면 안 된다고 반대한 것입니다."

그러자 의자왕은 성충을 바라보며 말했습니다.

"흐음. 성충, 이 일을 어찌하면 좋겠소?"

"폐하, 제가 고구려에 사신으로 가겠습니다."

성충의 말에 의자왕과 대신들은 눈이 휘둥그레졌습니다. 백제 또한 고구려와 적국 관계였기 때문입니다.

"그건 아니 될 말이오. 그대를 적의 소굴로 보낼 수는 없소."

의자왕은 진심으로 성충을 걱정하여 말했습니다.

"폐하, 고구려의 연개소문은 머리가 아주 뛰어난 사람입니다. 고구려 편에서 백제와 신라 둘 가운데 한 나라와 동맹을 맺어야 한다면, 당연히 당나라와 치를 전쟁을 생각해 더 나은 쪽을 택할 것입니다. 백제는 신라보다 더 힘이 센 데다가 만일 백제가 당나라와 동맹을 맺으면 남과 북에서 공격을 받아 고구려는 크나큰 위험에 빠지게 될 것입니다. 동맹을 맺을 거라면 고구려의 선택은 보나마나 백제일 것입니다. 그러니 크게 걱정하지 않으셔도 됩니다."

성충의 말에 의자왕과 대신들의 얼굴이 다시 활짝 펴졌습니다. 임자만이 속으로 이를 갈았습니다. 성충이 연개소문을 만나러 고구려에 갔을 때 이미 김춘추는 연개소문과 동맹 문제를 놓고 협상을 벌이고 있었습니다. 연개소문은 성충이 고구려에 왔다는 사실을 김춘추에게 감추고 성충을 만났습니다.

"백제의 으뜸 지략가이신 성충께서 어인 일로 이곳까지 오셨소?"

"다름이 아니오라 고구려와 백제의 동맹 문제를 말씀드리고자 소신 목숨을 걸고 이렇게 왔습니다."

"고구려와 백제의 동맹이라? 그런데 왜 다들 동맹 타령이지?"

연개소문이 의미심장한 웃음을 지으며 말했습니다.

"고구려가 당과 싸우려면 신라보다는 백제와 동맹을 맺는 것이 나을 것입니다. 왜냐하면 신라보다 백제가 힘이 셀 뿐 아니라 땅도 고구려와 바로 붙어 있다는 점입니다. 고구려가 신라와 동맹을 맺으면 백제는 당나라와 손을 잡을 수밖에 없습니다. 그렇게 되면 위에서는 당이, 아래에서는 백제가 고구려를 압박하게 될 것입니다. 연개소문께서도 이 같은 사실을 이미 알고 계시지 않습니까?"

성충의 말에 연개소문은 그 자리에서 백제와 동맹을 맺었습니다. 그런 다음 연개소문은 김춘추를 옥에 가둬 버렸습니다. 성충의 말을 듣고 나서부터 연개소문으로서는 김춘추의 말이 아무 쓸모가 없어져 버렸기 때문입니다.

한편 두 달이 넘도록 김춘추가 돌아오지 않자 김유신은 대군을 이끌고 고구려로 쳐들어갔습니다. 김춘추를 잡아 가두기야 했지만, 당나라와 맞서는 상황에서 신라와 싸우는 일 또한 고구려로서는 피해야 했습니다. 그래서 연개소문은 슬며시 김춘추를 신라로 돌려보내 주었습니다. 구사일생으로 살아 돌아온 김춘추는 또다시 큰 모험을 걸었습니다. 고구려와의 동맹이 물거품이 된 지금, 고구려의 적인 당나라만이 신라의 편을 들어줄 오직 하나뿐인 상대였기 때문입니다.

역사스페셜박물관

쌍릉
전북 익산시 석왕동 산자락에 큰 무덤 두 기가 150미터쯤 떨어져 마주 보고 있어요. 서동과 선화 공주가 잠든 무덤이라고 해서 쌍릉이라 일컫습니다. 그 무렵 떠들썩했던 두 사람의 사랑으로 태어난 이가 바로 의자왕입니다. (시몽포토)

당항성
당항성은 당나라와 신라가 서로 오고 가는 길목 구실을 하던 곳이었어요. 이곳을 빼앗기면 신라는 동해에서 남해를 지나 다시 서해로 거슬러 올라가서 당나라로 가야만 했습니다. 곧바로 갈 수 있는 길을 아주 멀리 돌아서 가야 하는 것이죠. 따라서 당항성은 신라로서는 목숨을 걸고 지켜야 했던 중요한 곳이었습니다. (시몽포토)

당나라 옷을 입고 있는 신라 토우
백제와 고구려가 동맹을 맺자 궁지에 몰린 신라는 당의 원조를 얻으려고 죽기 살기로 매달렸어요. 당나라에게 잘 보이려고 신라는 그동안 지켜 왔던 전통 옷의 꾸밈새와 제도를 버리고 당나라 것을 따랐으며, 그 무렵 신라를 다스렸던 진덕여왕은 몸소 당나라를 떠받드는 시를 지어 바칠 만큼 당나라를 정성껏 섬겼어요. 말 그대로 신라는 그만큼 절박한 상황에 놓여 있었던 것이죠. (국립경주박물관 소장)

신라에서 온 간첩

성충에 대한 질투심과 의자왕에 대한 원망으로 화병이 크게 도진 임자는 자리에 드러눕고 말았습니다. 그런 임자를 정성껏 보살핀 사람이 있었는데, 바로 조미곤이었습니다. 조미곤은 신라에서 현령이라는 높은 벼슬을 했던 신라의 귀족이었습니다. 그는 백제와 치른 전쟁에서 포로가 되는 바람에 임자의 종이 되었습니다. 하지만 조미곤은 열심히 임자를 섬겼습니다.

"자넨 귀족에서 종의 신분이 된 게 억울하지 않은가? 내가 자네라면 그렇게는 하루도 못 살 걸세."

"어르신, 저도 사람인데 어찌 그런 마음이 안 들었겠습니까? 하지만 억울해 한들 옛날로 돌아갈 수 없는 일이라면 지금의 제 형편을 받아들이는 것만이 스스로 저한테 도움되는 일이라고 생각했습니다. 그러고 나니 마음이 편해졌습니다."

조미곤은 마치 인생을 달관한 사람처럼 보였습니다. 그런 조미곤이 임자는 못내 존경스러웠습니다.

"내 고민이 뭔 줄 아나? 난 아무리 노력해도 이인자일 뿐이라는 거네. 모든 게 그 잘난 성충 때문이지. 게다가 성충의 말이면 의자왕은 덮어놓고 옳다고 하지. 그 둘을 보고 있으면 가슴속 깊은 데서부터 화가 치밀어 올라. 내가 몸져누운 것도 다 그들 꼴이 보기 싫어서라네."

"화는 어르신한테 해가 될 뿐입니다. 참고 기다리시면 반드시 기회는 옵니다. 그때를 생각하시고 화를 누르십시오."

"정말 내가 성충을 앞서는 날이 올까?"

"꼭 옵니다. 제 말만 믿으십시오."

조미곤에게 속마음을 털어놓고 나니 임자는 오래된 체증이 내려간 듯 홀가분했습니다. 그 뒤로 화가 나거나 답답한 일이 있을 때마다 임자는 조미곤을 찾았습니다. 조미곤의 말이라면 임자는 팥으로 메주를 쑨다 해도 믿을 판이었습니다. 임자의 믿음을 산 조미곤은 누구의 눈치도 볼 필요 없이 바깥출입을 마음대로 할 수 있었습니다.

그러던 어느 날, 마침내 조미곤은 임자의 집을 빠져나와 꿈에 그리던 신라로 탈출하는 데 성공했습니다. 그날도 화가 난 채 궁궐에서 돌아온 임자는 조미곤을 찾았습니다. 하지만 아무리 찾고 기다려도 조미곤은 나타나지 않았습니다.

신라로 돌아온 조미곤은 곧장 김유신을 만나 임자한테서 얻은 백제의 사정을 알렸습니다. 조미곤의 이야기를 다 듣고 난 김유신은 깊은 생각에 잠겼습니다. 이윽고 김유신은 마음을 먹은 듯 조미곤에게 전혀 뜻밖의 말을 꺼냈습니다.

"조미곤, 자네는 다시 백제로 가야겠네."

"네? 장군님 그게 무슨……."

"신라의 운명이 그대에게 달려 있네. 지금부터 내 말을 똑똑히 듣게. 임자는 백제에서 성충 다음으로 힘이 있는 사람일세. 그러니 그대가 무슨 일이 있어도 임자를 우리 편으로 끌어들이게. 그것은 목숨을 걸어야 할 위험한 일일세. 하지만 그렇게만 된다면 위기에 몰린 신라를 구할 수 있을 것이네. 어떤가? 내 말대로 하겠는가?"

나라를 구하는 일이라면 목숨도 아깝지 않다는 마음으로 살아왔던 조미곤은 전혀 망설임 없이 김유신의 뜻을 받아들였습니다. 조미곤은 그 길로 백제의 임자 집으로 돌아갔습니다. 며칠째 찾아도 안 보이던 조미곤이 거지꼴로 나타나자 임자는 반갑기도 하고 괘씸한 생각이 들기도 했습니다.

"나리, 죽을죄를 졌습니다."

"그래, 아주 멀리 달아나지 어쩐 일로 돌아왔느냐?"

"나리께서 죽으라고 하시면 지금 바로 혀를 깨물고 죽겠습니다. 나리께서 저를 아껴 주시니 이제 저도 이 나라의 백성이라는 생각이 들었습니다. 그래서 이 나라의 풍속을 몰라서는 안 된다는 생각에, 밖에 나가

이것저것 구경하며 돌아다니다가 그만 길을 잃고 헤매다가 이제야 돌아왔습니다. 나리, 이제 소인은 더 바랄 게 없으니 죽여 주십시오."

임자는 눈물을 글썽이며 말하는 조미곤을 가엾게 여겨 아무 의심도 안 했습니다. 그 일이 있고 난 뒤로 임자는 조미곤을 더욱 믿고 기댔습니다. 임자가 궁궐에서 돌아와 성충과 의자왕을 원망할 때면 조미곤은 한술 더 떠 부채질했습니다. 조미곤의 꾐에 빠져 임자의 불평은 점점 더 커져만 갔습니다.

그러던 어느 날, 조미곤은 임자의 마음이 완전히 자신한테로 넘어왔다는 믿음이 들자 김유신의 뜻을 임자에게 넌지시 알렸습니다.

"지난번 소인이 없어졌을 때 사실은 신라에 다녀왔습니다."

임자는 그 말에 깜짝 놀랐습니다. 조미곤은 아랑곳하지 않고 말을 이었습니다.

"신라에 가서 김유신 장군을 만났습니다. 김유신 장군께서는 나리와 만나기를 애타게 바라고 계십니다. 언젠가 제가 나리께서 성충보다 앞에 설 때가 반드시 온다고 하지 않았습니까? 지금이 바로 그때입니다. 서둘러 김유신 장군을 만나십시오. 다리는 제가 놓겠습니다."

임자는 갈피를 잡을 수가 없었습니다. 김유신을 만나라고 하는 것은 다시 말해 백제에게 등을 돌리라는 뜻이기 때문입니다.

"결정하기 힘드시다는 건 잘 알고도 남습니다. 하지만 생각해 보십시오. 성충이 의자왕의 총애를 받아 모든 것이 다 그의 뜻대로 움직이고 있습니다. 나리 같은 분이 그 뒤에서 세월을 헛되이 보내시다니 제가 화가 나 견딜 수가 없습니다."

조미곤이 성충과 의자왕을 들먹이자 임자는 새삼 감정이 불같이 솟아올랐습니다.

"그래, 내가 이러고 있어서는 안 될 사람이지. 암 그렇고말고. 그런데 김유신을 만나면 뾰족한 수가 있느냐?"

자기가 뜻한 대로 임자가 움직이자 조미곤은 슬며시 웃음을 지으며 말했습니다.

"저를 믿고 만나 보십시오. 후회하지 않으실 겁니다."

"그래. 나는 자네만 믿겠네."

조미곤의 꾐에 빠진 임자는 칠흑 같은 밤에 아무도 몰래 신라로 건너가 김유신과 만났습니다.

"공께서 이 위험한 곳까지 오시느라 얼마나 힘드셨는지요? 우리 신라와 백제가 이렇게 된 것은 다 성충 탓입니다. 성충만 아니었더라도, 아니 의자왕이 임자 어른의 말만 들었더라도 신라와 백제가 서로 원수가 되는 일은 없었을 것입니다."

당대의 으뜸 장수인 김유신이 성충을 깎아 내리고 자신을 높이 평가하자 임자는 뿌듯했습니다.

"앞으로 신라와 백제, 두 나라 가운데 한 나라는 반드시 망할 것입니다. 그러면 우리 두 사람 가운데 한 사람은 지금의 부귀영화를 다 잃고

죽거나 포로가 될 것입니다. 만일 신라가 망하면 공은 이 김유신이 백제에서 벼슬을 할 수 있게 도와주십시오. 반대로 백제가 망하면 공이 신라에서 벼슬을 할 수 있게 이 김유신이 도와드리겠습니다. 그러면 두 나라 가운데 어느 나라가 망하더라도 우리 두 사람의 부귀영화는 자손만대로 이어질 것입니다."

 김유신과 임자가 만나 나누는 비밀 약속은 무서운 칼이 되어 백제를 막다른 골목으로 내몰고 있었습니다.

역사스페셜 박물관

의자왕이 일본에 백제 문화를 전한 까닭

의자왕이 다스릴 무렵 일본은 백제뿐 아니라 신라와도 사이가 좋았습니다. 의자왕은 신라와 치를 전쟁에 대비해 일본을 백제의 편으로 끌어들이려고, 백제의 뛰어난 문화를 일본에 전해 주는 대신 신라와 관계를 끊기를 요구했습니다. 바둑알은 의자왕 때 일본에 선물한 것이고, 바둑판은 그 시대에 쓴 것으로 알려져 있습니다. (정창원 보물)

단석산 신선사의 석굴

경주로 들어가는 길목에 자리한 단석산에는 신선사라는 신라의 으뜸 석굴 사원이 있어요. 네 개의 바위가 둘러싸고 있는 이 석굴은 김유신이 칼로 바위를 베어 생긴 것이라는 이야기가 전해집니다. (시몽포토)

단석산 신선사의 석굴 바위에 새겨진 불상들

석굴 바위에 새겨진 크고 작은 불상들은 김유신을 따르는 화랑들이 새긴 것이라고 합니다. 김유신은 열여덟 살에 화랑의 으뜸 자리인 국선에 올랐어요. 또한 김유신은 40년이 넘게 전쟁터를 누비면서 백전백승의 불패 신화를 세웠다고 합니다. 얼마만큼 부풀려지기도 했겠지만, 바람 앞의 등불 같은 위기에서 나라를 구한 김유신은 신라가 낳은 영웅 중 영웅인 것만은 틀림없습니다. (시몽포토)

불타는 사비성

　대야성을 무너뜨리고 나면 신라가 곧 끝장날 것이라고 믿었던 의자왕은 전쟁이 길어지자 점점 초조해졌습니다. 게다가 신라의 김춘추가 당나라와 동맹을 맺었다는 소식이 알려지자 의자왕은 더욱 불안에 휩싸였습니다. 당나라의 큰 힘을 등에 업은 신라와 이대로 전쟁을 계속할지 아니면 지금 바로 끝내야 할지 갈피를 잡지 못했습니다. 의자왕은 비상 대책 회의를 열었습니다.

　"이제 당나라가 우리를 따돌리고 신라에게 힘을 실어 주기로 했으니 어쩌면 좋겠소?"

　의자왕이 말문을 열자 대신들의 눈이 성충한테로 쏠렸습니다.

　"폐하, 이제 와서 전쟁을 멈출 수는 없습니다. 우리에겐 아직 당나라와 싸워 져 본 적이 없는 고구려가 있습니다. 당 태종이 직접 군사를 이끌고 고구려로 쳐들어왔지만 겨우 목숨을 건진 채 쫓겨나지 않았습니까? 고구려와 백제가 힘을 모은다면 당나라와 신라를 반드시 꺾을 수 있을 것입니다."

성충의 말이 떨어지기가 무섭게 임자가 큰 소리로 외쳤습니다.

"백제가 지금 이토록 어려움에 빠진 것도 다 성충 자네 때문이 아닌가? 그런데 이제 또다시 당나라와 맞서자니, 아예 백제를 망하게 할 작정이군. 폐하, 이번만큼은 소인의 생각을 들어주시옵소서. 사태가 더 나빠지기 전에 신라와 평화 협정을 맺고 전쟁을 끝내야 합니다. 그런 다음 당나라의 노여움을 푸는 데 힘써야 할 것입니다. 그래야 백제가 살아남을 수 있습니다."

이번만큼은 의자왕도 백제의 앞날이 달려 있는 일이라 쉽게 결정을 내리지 못했습니다.

"좀 더 깊이 생각해 봐야겠소. 다음 회의 때 다시 얘기합시다. 좀 쉬어야겠으니 어서들 물러가시오."

대신들을 돌려보내고 혼자 남은 의자왕은 마음이 무척 무거웠습니다. 의자왕은 전쟁을 빨리 끝내려고 하다가 오히려 전쟁의 늪에 푹 빠져 버렸다는 생각에 어찌할 바를 몰랐습니다. 한편 임자는 오랜만에 기분이 좋았습니다.

"나리, 무슨 좋은 일이 있으십니까?"

조미곤이 얼굴 가득 웃음을 머금은 채 의기양양하게 다가오는 임자에게 물었습니다.

"흐흐흐. 암, 있고말고. 의자왕이 달라졌어. 늘 성충이 말만 꺼내면 거들고 나서던 폐하께서 오늘은 그러지 않았거든. 오히려 내 의견을 더 귀담아 듣지 뭔가? 껄껄껄."

조미곤은 임자에게 들은 이야기를 곧바로 김유신에게 알렸습니다. 백제의 중요한 비밀은 그렇게 야금야금 신라로 새어 나가고 있었습니다. 마침내 김유신은 그동안 생각해 뒀던 일을 실천에 옮겼습니다. 금화라는 여인이 바로 그 묘책이었습니다. 금화는 신라의 으뜸 미인으로 노래와 춤뿐만 아니라 다루지 못하는 악기가 없을 만큼 재주가 빼어난 여인이었습니다.

금화를 의자왕의 곁에 보내 의자왕의 넋을 빼논 다음 성충과 갈라놓는다는 것이 김유신의 생각이었습니다. 김유신은 먼저 금화를 임자에게 보내 자기의 생각을 알렸습니다. 임자는 날짜를 따로 잡아 금화를 데리고 의자왕을 찾았습니다.

"폐하, 나랏일로 얼마나 걱정이 크십니까? 그래서 소인이 여기 금화라고 하는 아이를 데려왔습니다. 금화의 연주와 노래를 들으시고 마음을 편히 잡수시기를 바랍니다."

의자왕은 이래저래 시름에 잠겨 있던 터에 금화의 아름다운 모습을 보자 한눈에 반하고 말았습니다.

"금화라고 하였느냐? 어서 이리 가까이 와서 네 재주를 마음껏 한번 부려 보아라."

의자왕은 금화가 노래하고 연주를 하는 동안 눈을 뗄 수가 없었습니다. 금화를 곁에 둔 뒤로 의자왕은 하루가 다르게 바뀌어 갔습니다. 날이면 날마다 금화와 더불어 춤과 노래 그리고 술로 지새웠습니다. 내내 금화와 붙어 지내느라 대신들은 의자왕을 만날 수조차 없었습니다. 나랏일은 아예 뒷전에 두고 의자왕은 오로지 금화를 위해 궁을 고치고 연회장을 짓는 데에만 빠져 지냈습니다.

"큰일이야, 큰일. 어쩜 하루아침에 저렇게 바뀌실 수가 있을까? 성충, 이제 우리가 어떻게 하면 좋겠소?"

대신들은 모두 성충이 묘안을 내 주길 바랐습니다. 성충은 홀로 의자왕을 만나기로 했습니다. 임자는 이 사실을 미리 금화에게 알렸습니다. 금화는 성충을 궁지에 몰아넣을 계획을 세우고 행동으로 옮겼습니다.

"흑흑흑."

의자왕이 볼 수 있는 곳에서 금화는 서럽게 흐느껴 울었습니다. 그 모습을 본 의자왕은 깜짝 놀라 금화의 곁으로 달려갔습니다.

"금화야, 어인 일로 그리 슬피 울고 있느냐?"

의자왕이 곁에 오자 금화는 더 서글프게 흐느꼈습니다.

"누가 너를 울렸단 말이냐? 어서 말해 보아라. 어서!"

"성충 나리가 저를 희롱하시기에 뿌리쳤더니 저더러 발칙한 것이라고 화를 내며 폐하의 곁에서 저를 떼어 놓겠다고 하셨습니다. 흑흑흑."

의자왕은 그 말을 듣자 화가 머리끝까지 치솟았습니다. 바로 그때 성충이 의자왕을 만나러 왔습니다. 의자왕은 눈이 뒤집혀 제정신이 아니었습니다.

"네 이놈, 감히 금화를 희롱하다니! 그것도 모자라 금화를 내 곁에서 떼어 놓겠다고? 여봐라, 이놈을 곧장 옥에 가두어라!"

성충은 한마디 말도 못하고 밧줄에 꽁꽁 묶이는 꼴이 돼 버렸습니다.

"폐하! 어찌 이러십니까?"

하지만 의자왕은 넋이 나간 사람처럼 아무것도 눈에 들어오지 않았습니다. 금화의 꾐에 빠진 의자왕은 이미 지난날의 어질고 현명하던 왕이 아니었습니다. 윤충이 형 성충을 풀어 달라는 글을 올리자 의자왕은 그의 벼슬을 빼앗아 귀양을 보내 버렸습니다. 의자왕은 성충과 윤충을 조금이라도 거드는 대신들이 있으면 모두 벼슬을 뺏어 버렸습니다. 의자왕의 둘레에는 아부를 일삼는 임자와 그 무리들만 들끓었습니다.

이렇게 백제가 끝 모를 수렁으로 치닫고 있을 때 신라는 때를 놓치지 않고 당나라를 끌어들여 백제를 치기로 했습니다. 백제의 운명이 다했음을 알아차린 성충은 감옥에서 물 한 방울 안 먹고 피눈물만 흘렸습니다. 몸이 몹시 야위어 죽음을 눈앞에 둔 성충은 마지막 남은 힘으로 의자왕에게 올릴 글을 썼습니다.

"소인은 이제 비록 죽을지라도 그동안 폐하께서 베풀어 주신 사랑을 결코 못 잊을 것입니다. 마지막으로 꼭 당부를 드립니다. 머지않아 신라가 당나라와 연합해 백제를 공격해 올 것입니다. 그때 뭍길은 탄현에서

막고 물길은 백강에서 힘을 다해 막으시면 적들이 쉽게 백제에 발을 못 들여 놓을 것입니다. 적들이 식량이 떨어진 때를 기다려 총공격에 나서면 반드시 이길 수 있을 것입니다."

그렇게 글을 남기고 성충은 숨을 거두었습니다. 성충이 남긴 글을 받아 든 의자왕은 성충과 함께했던 지난날이 떠올라 눈물을 글썽였습니다. 그러자 금화가 새침해졌습니다.

"폐하, 성충은 소녀를 희롱한 자이옵니다. 그런 자를 위해 눈물을 흘리시다니, 소녀는 그저 죽고만 싶습니다."

금화가 눈물지으며 그렇게 말하자 의자왕은 금세 마음을 다잡고 성충의 글을 갈기갈기 찢어 버렸습니다. 의자왕은 백제가 살아남을 수 있는 마지막 기회마저 내동댕이쳐 버린 것입니다. 마침내 신라와 당나라 연합군은 물밀듯이 백제를 쳐들어왔습니다. 하지만 백제에는 더 이상 목숨 바쳐 싸울 장수와 병사들이 없었습니다. 도리어 뿔뿔이 달아나서 제 목숨이라도 살자는 사람들이 거의 다였습니다.

마침내 백제의 왕성인 사비성이 신라와 당나라의 연합군에게 무너졌습니다. 이로써 600년을 넘게 이어져 내려오던 백제의 역사도 막을 내렸습니다. 천혜의 요새를 자랑하던 백제의 세 번째 수도 사비성은 이제 당나라와 신라의 군사들이 마음대로 휘젓고 다니는 곳이 되고 말았습니다. 커다란 궁궐은 불길에 휩싸였으며, 성 안의 백성들은 신라와 당나라 군사들의 칼날에 힘없이 죽어 갔습니다.

사비성이 무너지자 왕비를 비롯한 궁녀들은 부소산 절벽에서 백마강 아래로 몸을 던져 죽었습니다. 꽃잎이 떨어지듯 천 길 낭떠러지로 몸을 던지는 수많은 여인들의 모습은 차마 눈을 뜨고 보기 힘들 만큼 너무나 슬프고 안타까웠습니다.

의자왕은 성충의 말을 안 들은 것을 땅을 치고 뉘우쳤지만 이미 때는 늦었습니다. 의자왕은 전쟁에 진 책임을 지고 당나라에 포로로 끌려갔습니다. 그리고 얼마 뒤, 의자왕은 멀고 먼 땅에서 병으로 숨졌습니다. 신비의 나라 백제는 그렇게 막을 내렸습니다.

역사스페셜 박물관

황산벌
의자왕이 신라의 첩자 금화한테 빠져 있을 동안 백제의 계백 장군과 5천 명의 결사대는 김유신이 이끄는 5만 명의 신라군을 황산벌에서 네 차례나 막아 내지만 끝내 최후를 맞이합니다. 마침내 황산벌이 뚫리자 신라와 당나라 연합군은 백제의 도성인 사비성으로 거침없이 쳐들어갑니다. (시몽포토)

정림사지오층석탑
소박하면서도 우아한 백제 문화의 정신이 살아 있는 탑입니다. 이 탑에는 당나라 장수 소정방이 '백제를 정벌한 기념탑'이라는 뜻의 글귀를 새겨 둬 백제의 슬픈 역사를 엿볼 수 있습니다. (시몽포토)

부소산성

부소산성은 백제 왕궁을 지키던 산성이었어요. 부소산성 바깥쪽은 백마강이 휘감고 흘러 자연 방어선 구실을 했습니다. 백제 마지막 날, 왕궁이 공격을 받자 사람들은 부소산성으로 달아납니다. 부소산성마저 적에게 무너지자 왕비를 비롯한 백제 여인들은 부소산 절벽 아래로 떨어져 죽는데, 그 모습이 마치 꽃잎이 떨어지는 것 같다고 해서 그곳을 '낙화암'이라고 일컬었다고 합니다. (시몽포토)

고란사

부소산 절벽 바로 아래에는 고란사라는 절이 있습니다. 백제가 멸망하던 날, 백마강에 떨어져 죽은 백제 여인들의 원한을 달래려고 고려 시대 때 지은 절이라고 합니다.(시몽포토)

고란사 벽화

고란사 뒤란 담장에는 궁녀들이 치마폭으로 얼굴을 가리고 강물로 뛰어드는 모습을 담은 벽화가 그려져 있습니다. 흔히 의자왕 하면 삼천 궁녀를 많이 떠올립니다. 그런데 이는 사실과 다릅니다. 아마도 신라가 백제를 무너뜨린 뒤 의자왕을 깎아내리려고 부러 지어 낸 얘기가 아닐까요?(시몽포토)

유왕정

유왕산 꼭대기에 있는 유왕정에서 바라다보면 백마강이 한눈에 들어옵니다. 백제가 멸망한 뒤 포로가 되어 당나라로 끌려가는 의자왕을 보려고 수많은 백제 유민들이 유왕산에 올랐다고 합니다. 의자왕이 탄 배를 보고 백제 유민들이 통곡하자 당나라 장수 소정방은 배를 잠깐 멈추었다고 합니다. 왕을 머물게 한 산이라고 해서 이 산을 유왕산이라고 일컬었습니다.(시몽포토)

검은 그림자의 눈물

　검은 그림자에게 온몸을 휘감긴 채 땅속에 꺼진 진우는 방금 전까지 자기 눈앞에 펼쳐진 일들이 도저히 안 믿어졌습니다. 진우는 정신을 차리고 둘레를 둘러보았어요. 그러자 까마귀에게 이끌려 온 나무 아래에 그대로 서 있는 것이었어요.
　바로 그때 나무 뒤에서 흐느껴 우는 소리가 들렸어요. 놀랍게도 검은 그림자가 슬피 울고 있는 것이었어요. 그러고 보니 검은 그림자는 사람의 모습을 하고 있었습니다. 진우는 그 그림자가 자신이 조금 전까지 보았던 임자의 모습과 닮았다고 생각했습니다. 진우는 용기를 내어 검은 그림자에게 물었습니다.
　"왜 그렇게 슬피 우세요?"
　그러자 검은 그림자가 대답을 했어요.
　"나는 임자란다. 내 질투심 때문에 백제가 망했어. 그 어질던 폐하께서 지금까지 나쁜 임금이라고 욕을 먹고 있는 것은 다 나 때문이야. 이 죄를 어떻게 하면 다 갚을 수 있을까? 흑흑흑."
　진우는 자신이 저지른 잘못 때문에 저승으로 못 가고 검은 그림자가 되어 이승에서 떠돌고 있는 임자가 불쌍하게 여겨졌습니다.
　"이제 다 끝난 일인걸요. 그만 슬퍼하고 어서 저승으로 가세요."

"아니, 아직 안 끝났어. 얘야, 내 소원 좀 들어주지 않을래? 제발 의자왕의 무덤을 찾아서 의자왕의 유골만이라도 고국 땅으로 모셔 가다오. 약속해 줄래?"

"네, 약속할게요. 반드시 의자왕의 무덤을 찾을게요."

검은 그림자와 손가락을 걸려고 할 때였어요. 누군가 진우의 몸을 마구 흔드는 데 놀라 눈을 떴습니다. 아빠였습니다.

"이런 땡볕에 졸다간 큰일 나. 어서 정신 차려."

"어, 아빠. 검은 그림자는 어디 갔어요? 임자 말이에요."

"검은 그림자라니? 그리고 임자는 어떻게 알아?"

진우는 지금까지 자기가 본 것이 꿈인지 생시인지 몰랐습니다.

"아, 아니에요. 그런데 아빠, 의자왕의 무덤을 꼭 찾을 수 있겠죠. 그렇죠?"

아버지는 진우가 꿈을 꾸었나 보다 하고 생각했습니다.

"암, 찾아야 하고말고."

그때 풀숲에서 까마귀 한 마리가 깍깍대며 하늘 높이 날아올랐습니다. 그 까마귀는 어쩜 의자왕의 무덤을 꼭 찾겠다는 진우의 약속을 믿고 그제야 저승으로 떠나는 임자일지도 모릅니다.

의자왕과 백제의 멸망

백제의 31대 임금 의자왕(재위 641~660)은 왕의 자리에 오르고 난 뒤 처음에는 몸소 신라를 공격하여 신라에 큰 타격을 주고 나라를 튼튼히 하는 데 힘썼습니다. 하지만 나중에는 술과 여자에 빠져 있다가 나당 연합군의 공격을 받고 끝내 무릎을 꿇고 말지요.

의자왕은 서동요에 나오는 백제 무왕과 신라의 선화 공주 사이에 맏아들로 태어났습니다. 어려서부터 씩씩하고 슬기로웠으며, 부모를 섬기는 효심이 깊고 형제끼리도 우애가 두터웠습니다. 그래서 사람들은 의자왕을 일컬어 해동증자(海東曾子)라고 했습니다. 또한 왕이 되어서는 어질고 현명한 정치를 하여 이름 그대로 의롭고 자비로운 왕으로 이름을 떨쳤습니다.

의자왕이 한창 열심히 나라를 다스릴 때 백제는 신라가 맞서 싸울 수 없을 만큼 힘센 나라였습니다. 그 무렵 신라의 임금이었던 진덕여왕은 드러내 놓고 "작은 나라인 신라가 큰 나라인 백제의 심기를 잘못 건드려 위험을 겪게 되지 않을까?" 하고 걱정할 정도였습니다. 의자왕은 그의 아버지인 무왕의 뒤를 이어 641년에 왕의 자리에 오르자마자 거침없이 신라를 치기 시작했습니다. 의자왕의 잇따른 공격에 신라는 하루도 바람 잘 날이 없었습니다.

그렇다면 대체 왜 의자왕 때 백제가 멸망했을까요? 백제가 멸망한 까닭을 알려면 먼저 그 무렵의 국제 관계에 주목해야 합니다. 백제 의자왕의 잇따른 공격으로 위기에 부닥친 신라는 이를 헤쳐 나가려고 고구려에 지원군을 요청합니다. 하지만 고구려는 신라를 따돌리고 백제와 동맹 관계를 맺습니다. 신라는 할 수 없이 고구려와 적대 관계에 있던 당나라를 찾아갑니다. 당나라는 당 태종이 손수 군사를 이

끌고 고구려를 공격했다가 번번이 실패해 자존심이 매우 언짢아 있었습니다. 이런 상황에서 신라가 지원군을 요청하자 당나라는 신라를 발판으로 고구려를 칠 수 있는 다시 없는 기회라 생각하고 동맹 관계를 맺습니다.

신라와 당나라는 백제와 고구려를 무너뜨린 뒤 대동강 남쪽의 백제 땅은 신라가 갖고, 나머지 지역은 당이 차지한다는 비밀 약속을 맺었습니다. 즉 신라는 백제의 압력에서 벗어나려고, 당은 고구려를 정복하여 당나라 중심의 국제 질서를 세우려고 동맹을 맺었던 것이죠. 그리하여 나당 연합군의 공격을 받고 백제는 끝내 멸망하게 된 것입니다.

그렇다고 의자왕의 책임이 가벼운 것은 결코 아닙니다. 의자왕은 말년에 돌이킬 수 없는 잘못을 저지릅니다. 신라의 영웅 김유신은 백제에서 좌평이라는 높은 벼슬에 있던 임자를 꾀어 신라 으뜸 미인 금화를 의자왕 곁에 두게 합니다. 김유신이 보낸 첩자인 금화에게 푹 빠진 뒤로 의자왕은 나랏일을 돌보기는커녕, 오히려 나라를 걱정하는 충신들을 감옥에 가두거나 귀양을 보내 버립니다. 그러자 의자왕의 곁에는 충신은 온데간데없고 간신배들만 들끓게 됩니다.

백제는 이처럼 안팎으로 거듭 혼란을 겪으며 마침내 역사의 무대에서 사라지고 만 것입니다.

역사 스페셜 작가들이 쓴 이야기 한국사 13
백제의 마지막 임금 해동증자 의자왕

글 최향미 | **그림** 한상언

초판 1쇄 펴낸날 2007년 10월 22일 | **초판 9쇄 펴낸날** 2018년 1월 30일
펴낸이 최만영 | **편집장** 한해숙 | **기획·편집** 네사람 | **편집** 최현정
디자인책임 하늘·민 | **디자인** 최성수, 이이환 | **사진진행** 시몽포토에이전시
마케팅 박영준, 신희용 | **영업관리** 김효순 | **제작** 강명주, 박지훈
펴낸곳 ㈜한솔수북 | **출판 등록** 제 2013-000276호 | **주소** 03996 서울시 마포구 월드컵로 96 영훈빌딩 5층
전화 02-2001-5823(편집), 02-2001-5828(영업) | **전송** 02-2060-0108
전자우편 isoobook@eduhansol.co.kr | **북카페** cafe.naver.com/soobook | **페이스북** www.facebook.com/soobook2
ISBN 978-89-535-3924-2 74910 | **ISBN** 978-89-535-3910-5 (세트)

어린이제품안전특별법에 의한 제품 표시
품명 아동 도서 | **사용연령** 만 8세 이상 어린이 제품 | **제조국** 대한민국 | **제조자명** ㈜한솔수북 | **제조년월** 2018년 1월

ⓒ 2007 최향미·네사람·㈜한솔수북
※ 저작권법으로 보호받는 저작물이므로 저작권자의 서명 동의 없이 다른 곳에 옮겨 싣거나 베껴 쓸 수 없으며 전산장치에 저장할 수 없습니다.
※ 값은 뒤표지에 있습니다.